무러뜨더 티렉스의 가족 앨범

공룡의 역사

북극곰

안녕, 내 이름은 '무러뜨더'야.

난 티라노사우루스 렉스야.
사람들은 줄여서 티렉스라고 부르지.
하지만 너희들은 '무러뜨더'라고 불러도 돼.
내가 지금부터 진짜 공룡 이야기를 들려줄게.
우리 가족 이야기 말이야.
물론 내 입에선 침 대신 불꽃이 튈 수 있어.
조심해. 자, 준비됐지?

누굴까?

가족의 비밀 8쪽

화석 명예의 전당 52쪽

우리 가족은 어디에? 56쪽

직접 화석을 찾아봐 58쪽

공룡 전문 용어 60쪽

찾아보기 62쪽

브라키오사우루스
배불뚝이 퐁 22쪽

케라토사우루스
뿔난 악마 24쪽

알로사우루스
잔혹 공룡 다주거스 20쪽

메갈로사우루스
덩치 쿵 11쪽

가족의 비밀

내 얘기를 못 믿겠다면 과학자들한테 확인해 봐. 고생물학자들이라면 믿을 수 있겠지?
고생물학자들은 삽이나 곡괭이, 붓 같은 도구만 가지고 화석을 발굴하느라 수십 년이 걸리지.
하지만 그렇게 밝혀낸 비밀은 그만큼 가치가 있어.
이제, 공룡 화석이 어떻게 만들어지는지 알려 줄게.

1. 공룡 한 마리가 죽는다
화석이 만들어지려면 수백만 년이 걸려.
공룡 한 마리가 강이나 호수 근처에서 죽었어.
일단 공룡 살이 썩는 데 한 5년은 걸릴 거야.

2. 진흙에 파묻히다
다음엔 공룡 뼈 위에 진흙과 모래가 여러 겹으로 덮이겠지.
그러면 겹겹이 쌓이는 무게 때문에
맨 밑에 있는 진흙은 사암(모래돌)이 돼.

3. 물과 섞인다
물을 만나면 사암에 스며들어. 공룡 뼈는 물에 부식돼.
하지만 걱정 마! 물속에 있는 미네랄이 뼈를 대신해서
돌처럼 단단한 화석으로 만들어 줘.

4. 2백만 년 기다린다
화석을 둘러싼 사암이 2백만 년 동안
부식되도록 가만히 둬. 그다음에
파기 시작하는 거야!

공룡의 똥이나 토사물 화석을 찾는 방법이
궁금하다면 58쪽으로 갈 것

혹시 퍼즐을 맞춰야 하는데 개가 퍼즐 조각을 반이나 먹어 치운 적 있니? 공룡 화석을 맞추는 일도 비슷해. 진흙으로 덮여 있을 때 공룡 뼈는 여기저기 흩어져 있어. 그래서 고생물학자라면 공룡과 엄청 큰 도마뱀이 어떻게 다른지 잘 알아야 하지.

남들보다 구멍이 많다?
공룡은 두개골에 구멍이 하나 더 있어. 눈과 콧구멍 사이에 말이야. 무슨 구멍이냐고? 아무도 몰라.

비밀은 엉덩이에?
공룡은 엉덩이 뼈에 구멍이 하나 있어. 그리고 허벅지 뼈와 만나는 곳이 움푹 파여 있지.

공룡 뼈 조립하기
흩어진 공룡 뼈를 맞추려면 미술가와 기술자 그리고 과학자가 모두 있어야 해. 화석 뼈를 제대로 전시하려면 투명한 철사 줄로 뼈들을 이어 붙이기도 하지.

쥐라기

2억 100만 년 전부터 1억 4500만 년 전까지

(아주아주아주 오래전이란 뜻이야.)

2억 100만 년 전 이야기를 시작할게.
아직 인간이 살기도 전이야. 쥐라기가
막 시작되었고 공룡들도 긴 휴식기였어.
트라이아스기 대멸종으로 당시를 주름잡던
파충류도 모두 멸종했지.
그래서 우리한테 기회가 온 거야.

3천 년 안에 우리 공룡들은
판게아(화산 폭발로 대륙이 나눠지기
전의 대륙) 대부분에 퍼져 나갔어.
안타깝게도 커다란 운석 때문에
또 다른 대멸종 사건이 우리를
기다리고 있었지. 대멸종 사건이 없었다면
아마 이 책은 너희들이 아니라
우리 공룡들이 읽고 있을걸?

메갈로사우루스
덩치 쿵

영국

우리 가족 이야기는 덩치 '쿵'에서 시작해. '쿵'은 가장 먼저 살던 메갈로사우루스 공룡 중에 하나야. 인간에 의해 발견된 첫 번째 공룡이기도 하지. 윌리엄 버클랜드라는 인간이 '쿵'의 뼈를 처음 발견했을 때는 엄청 큰 도마뱀이라고 생각했대. 공룡을 전혀 모르던 시절이었으니까.

몸무게 챔피언
3톤이나 나가는 메갈로사우루스의 몸무게 반은 꼬리 부분이야. 실수로 꼬리 밑에 깔리지 않도록 조심해.

첫 번째 수각류 공룡
메갈로사우루스는 고기를 좋아했지. 머리에 뿔이 있고 두 발로 걷는 첫 번째 공룡이었어. 발가락이 세 개고 뼈 속이 비어 있었지.

최강 포식자
덩치 '쿵' 같은 메갈로사우루스 일당과 딜로포사우루스가 쥐라기를 지배했어. 얘들은 주변에 있는 모든 공룡을 잡아먹을 수 있었어.

다행히 과학자들은 곧 공룡과 도마뱀이 완전히 다르다는 걸 알아냈어. 우리 공룡들이 훨씬 인상적이었거든. 물론 덩치 '쿵'도 예외는 아니었어. 몸무게가 3톤이라 중생대 쥐라기 때 몸무게 챔피언에 올랐지.

에피덱시프테릭스

콰당 연습생 어이쿠

중국

쥐라기에는 새들도 계속 진화했어. 내 먼 조상인 '어이쿠'도 새로운 체형에 도전했지. 에피덱시프테릭스는 장식용 깃털을 처음으로 달았어. 아무런 기능은 없지만 근사해 보였거든. '어이쿠'는 그 깃털로 날 수 있으면 좋겠다고 생각했지. 하지만 나무에서 떨어질 땐 아무리 날갯짓을 해도 소용없었대. 배고픈 메갈로사우루스 앞에 떨어졌거든.

공룡의 발톱

에피덱시프테릭스는 실제로 크기가 비둘기만 했어. 비둘기의 부리와 날개 대신 날카로운 이빨과 긴 발톱을 갖고 있었지.

아기 공룡을 위한 간식

에피덱시프테릭스는 아직 땅만 보고 다니는 아기 공룡에게는 완벽한 간식거리였어. 크기가 작았으니까. 그래서 나무를 기어올라가는 기술이 늘 수밖에 없었어. 도망을 다니느라 바빴거든.

시험 비행

새의 깃털은 아주 가는 실들이 겹겹이 모여 이루어진 거야. 그런데 에피덱시프테릭스의 꼬리 깃털은 한 겹이었어. 나는 데는 전혀 도움이 되지 않았어. '어이쿠'가 몸소 깨달은 것처럼 말이야.

리오플레우로돈
수영 챔피언 참다랑

프랑스

수영만큼은 리오플레우로돈을 따라올 공룡은 없어.
'참다랑'은 주걱처럼 생긴 팔다리를 이용했어.
마치 오리발 네 개를 움직이는 것 같았지.
카누에 제트 엔진을 달았다고나 할까?
그 덕에 '참다랑'은 대양 횡단 대회에서
3년 연속 우승컵을 차지했어. 그런데 수영은
재미있었지만 사는 건 별로 재미가 없었어.
'참다랑'은 최강 포식자였기 때문에 눈에 보이는 건
뭐든 먹어 치웠거든. 그래서 친구가 없었어.
다들 자기를 먹잇감으로 본다는 걸 아니까 피해 다녔지.

누가 뭐래도 1등!?
'참다랑'은 몸집이 고래만 했어.
물에 살던 포식 동물 중에
가장 큰 동물이야.

공룡의 노
실제로 리오플레우로돈은 공룡이 아니라
거대한 해양 파충류인 플리오사우르의 일종이야.
리오플레우로돈은 몸길이가 15미터에 달했고
시속 10킬로미터 속도로 이동했어. 몰래 숨어 있다가
먹잇감을 향해 돌진할 수 있었지. 자동차처럼 말이야.

냄새로 안다
'참다랑'은 콧구멍을 통해 맛있는 냄새가
어디서 나는지 물속에서도 알아낼 수 있었어.
장담컨대, 네가 물속에 빠지면 금세 눈치챌걸.

디플로도쿠스
바보 모잘라

미국

디플로도쿠스 '모잘라' 삼촌은 바보라는 별명이 있었지만 마음이 따뜻한 공룡이었어. 그런데도 경솔하고 무자비한 불량배로 종종 오해를 받았지. 하지만 가장 오래 살던 공룡이라면 뭔가 다른 점이 있지 않겠어? '모잘라' 삼촌은 살아 있는 모든 생명체를 마음 깊이 아꼈어. 다른 생명체를 밟지 않으려고 무척 애를 썼고 밤낮으로 채소만 먹었대.

섬세한 이빨 빗

'모잘라' 삼촌은 빗처럼 생긴 고른 이빨을 가지고 있었어. 주로 나뭇잎을 뜯어 먹는 데 사용했지.

그런데 '모잘라' 삼촌은 좀 둔했어.
삼촌의 뇌는 정말정말 작았거든.
디플로도쿠스는 다른 공룡들과 비교해서도
가장 작은 뇌를 가지고 있지.

채찍

디플로도쿠스는 꼬리를 채찍처럼 사용했어.
다른 포식자를 쫓아낼 때 썼어.
코에서부터 꼬리까지 길이가 무려
35미터에 달했대. 35미터는 버스를
세 대 연결한 것보다 긴 거야.

특특대 사이즈

디플로도쿠스는 어른이 되어서도 계속 몸집이 자랐어.
그래서 몸 크기가 특특대였다. 삼촌을 저녁 식사로 생각했던
공룡들은 씹을 수도 없을 만큼 큰 덩어리를 입에 물어야 했지.

스테고사우루스
카우보이 뭉치

미국

우리 증조할아버지 '뭉치'가 아기였을 때 부모님께서는 '뭉치'가 외과 의사가 되기는 어렵다는 걸 눈치챘대. '뭉치'의 뇌 크기가 자두만 했거든. 하지만 '뭉치'는 머리가 나쁜 대신 체력이 아주 강했어. 알로사우루스와 케라토사우루스가 쫓아와도 전혀 도망갈 생각을 하지 않았대. '뭉치'가 꼬리만 한 번 내리치면 다들 바닥에 나동그라졌거든.

치명적인 무기

스테고사우루스 꼬리에 달린 뾰족한 창은 무시무시했어. 고생물학자들은 죽은 알로사우루스의 척추나 등뼈에 구멍이 있는 경우를 많이 봤대. 구멍 모양이 스테고사우루스 꼬리에 있는 뾰족한 창과 완벽하게 일치했다지 뭐야.

'뭉치' 할아버지는 등뼈에 단단한 접시 모양 뼈판도 달고 태어났어. 가족들은 뼈판이 어떤 쓸모가 있는지 전혀 몰랐대. 보기에는 근사했지. 뾰족한 꼬리와 단단한 뼈판을 달고 어슬렁어슬렁 걷는 모습을 상상해 봐. 요즘으로 치면 카우보이를 닮았다고나 할까? 그런데 쥐라기 시대의 카우보이한테 무슨 명석한 두뇌가 필요하겠어?

경고 신호
스테고사우루스는 다른 공룡에게 위협을 당하면, 등에 있는 뾰족한 뼈판을 빨갛게 만드는 능력이 있었대. '뭉치' 할아버지의 뼈판이 붉게 변했다면 절대로 가까이 가지 않는 게 좋겠지?

두 번째 뇌
스테고사우루스는 척추에 있는 주머니에 뇌 용량의 스무 배 정도 되는 두 번째 뇌를 가지고 있었대. 그렇다고 그게 '뭉치' 할아버지한테 크게 도움이 되었는지는 잘 모르겠어.

알로사우루스

잔혹 공룡 다즈카스

포르투칼

알로사우루스 '다즈카스'는 티라노사우루스인 나처럼 이빨로 뼈를 부수지는 못했을 거야. 하지만 알로사우루스는 티라노사우루스보다 더 무서웠지 덜 무성지는 않았어. 뿔과 S자형 목 그리고 위로 솟아 있는 걸 보면 덤베드는 성질 때문에 스테고사우루스나 디플로도쿠스에게는 정말 무서운 존재였어. 그땐 다들 잘 몰랐지만 알로사우루스한테는 짧은 길건에 생긴 이빨이 70개나 있었지.

비둘기를 겁음겁이

엄청난 근육을 자랑하는 육중한 꼬리가 없었더라면 알로사우루스의 몸은 균형이 앞으로 쏠렸을 거야. 머리와 턱의 무게가 상당했거든.

갈은 필요 없다!

잔혹 공룡인 알로사우루스는 베베죽죽한 이빨로 고기를 칼처럼 잘라 낼 수 있었어. 그리고 입 안에 먹이를 가둘 수 있도록 이빨이 안쪽으로 휘어 있었지.

참으로 쩍리한

알로사우루스는 갈고리처럼 생긴 발톱으로 상대를 꽉 움켜쥘 수 있었어. 한번 잡히면 누구도 빠져나갈 수 없었지.

알껍데기를 만들자

알로사우루스 암컷은 다른 공룡들처럼 뼈에 칼슘을 저장했다가 알껍데기를 만드는 데 사용했어. 새들이 알에서 부화하는 것처럼 새끼 공룡도 알을 깨고 나왔지.

잠복 공룡 '다주거스'는 장난도 잘 쳤어. 숨바꼭질을 가장 좋아했지. 숨어 있다가 아무것도 모르고 지나가는 동물들을 깜짝 놀래키곤 했어. 하지만 우리 엄마가 늘 했던 말처럼 누구 하나 다쳐야 정신을 차렸지. 알로사우루스의 무서운 숨바꼭질은 오래가지 못했어.

브라키오사우루스

배불뚝이 뚱

탄자니아

우리 할아버지의 할아버지의 아버지인 브라키오사우루스 배불뚝이 '뚱'에 대해 절대로 잊을 수 없는 건 바로 늘 뭔가를 먹고 있었다는 거야. 브라키오사우루스가 왜 가장 몸집이 크고 무거운 육지 동물 중에 하나가 되었는지 알겠지?

배불뚝이 '뚱'은 이빨이 들어가는 나무나 풀이라면 뭐든 씹었어. 불행히 온종일 먹어 대서 입 냄새가 아주 고약했지 뭐야.

목을 쭉 빼고

브라키오사우루스는 몸집이 큰 채식 공룡이야. 목이 길어서 나무 꼭대기에 있는 나뭇잎들도 모두 먹어 치웠지. 기린처럼 말이야. 브라키오사우루스의 목 길이는 9미터나 되었어. 그 바람에 심장은 기린보다 두 배나 높은 혈압을 견뎌야 했지. 긴 목을 통해 머리까지 혈액을 보내느라 엄청 힘들었을 거야.

하나도 남김없이

브라키오사우루스는 몸집이 너무나 커서 하루에 나뭇잎을 약 400킬로그램이나 먹었대. 배불뚝이 '뚱'이 한번 움직이면 길가에 있는 나무는 전부 벌거숭이가 되었지.

입도 크고

브라키오사우루스는 숟가락처럼 생긴 이빨 덕분에 나무줄기에 난 이파리를 잘 먹을 수 있었어. 입 안에 숟가락과 포크 세트가 들어 있는 셈이지. 그러니 설거지를 따로 할 필요도 없겠지?

케라토사우루스

뿔난 악마

미국

우리 가족이 꼭꼭 숨기고 싶어 하는 비밀이 하나 있어. 바로 내 사촌 케라토사우루스 얘기야. 뿔난 '악마'라고 불렀지. 케라토사우루스는 다른 공룡에 비해 몸집이 많이 작아서 무리를 이루어 사냥을 했어. 그러던 어느 날 아주 작은 사냥감을 쫓아다니느라 무척 힘들었대. 근데 내 사촌 '악마'가 글쎄 너무 배가 고픈 나머지 옆에 있던 친구를 먹어 버렸지 뭐야.

완전 다름

'악마'는 달리기를 무척 잘했어. 다른 공룡은 대부분 발가락이 3개인데 '악마'는 4개였거든. 발톱 하나는 운동화 스파이크 같은 역할을 했대.

아기 공룡 훔치기

케라토사우루스는 아기 공룡을 잘 훔쳤어. 부화되지 않은 알을 말이야. 그래서 아무도 '악마'에게 아기를 봐 달라고 부탁하지 않았지.

그다음부턴 거침이 없었어. '앙마'는 친구들을 다 먹어 버렸대. 그뿐이 아니야. '앙마'한테 잡아먹히지 않은 케라토사우루스들도 서로를 잡아먹기 시작했대. 그래서 우리 가족은 이 끔찍한 비밀을 아무도 입 밖에 내지 않으려고 해.

치명적인 매력
케라토사우루스의 뿔은 아주 위험해 보이지? 하지만 실제로는 이성을 찾기 위한 도구일 뿐이야. '앙마'는 매력이 많은데 그중에서도 특히 패션 감각이 뛰어났어.

엉큼한 미소
케라토사우루스의 이빨은 레이저처럼 날카롭고 무지막지하게 컸어. 이빨을 드러내고 시원하게 웃는 것처럼 보이지? 실제로는 너를 잡아먹을 준비를 하는 거야.

아르카이오프테릭스
비행 이모 나래

독일

공룡도 날 수 있었어. 우리 '나래' 이모의 화석이 바로 그 증거야. 어느 날 이모가 독일의 열대 섬 주변을 돌아다니고 있었는데 배고파 보이는 어마어마하게 큰 콤프소그나투스 (후기 쥐라기 공룡으로 두 다리로 걷는 육식 공룡)와 마주쳤대. 야자수와 바위 사이에 끼여서 날아오르지 않으면 꼼짝없이 죽음이었지. 그래서 힘껏 날아올랐대. 이모가 날아올랐다는 소문은 빠르게 퍼졌고, 어린 공룡들에게 날아다닐 수 있는 능력을 일깨워 줬대.

날갯짓 한 번에

아르카이오프테릭스는 오랫동안 과학자들을 괴롭혔어. 과학자들은 비늘로 덮여 있지 않은 공룡도 있다는 걸 나중에야 알았거든. '나래' 이모의 깃털은 체온을 유지하기 위한 거였지만 나는 데에도 사용할 수 있다는 걸 알았어.

대탈출

아르카이오프테릭스는 요즘 새처럼 날았어. '나래' 이모는 배고픈 콤프소그나투스를 피하기 위해 하늘로 날아오르곤 했지.

백악기
1억 4500만 년부터 6600만 년 전까지

(아주아주 오래전이란 뜻이야.)

우리 할머니는 늘 공룡의 황금기는 백악기라고 말했어.
새로운 능력을 갈고닦고 관심사를 넓혀 나가면서 우리 공룡이 얼마나 섬세한
동물인지를 세상에 알린 시기였거든. 우리는 나는 방법과 세계를 여행하는
방법을 터득했어. 음식을 씹어 먹는 방법도 알아냈지. 날씨가 더 따뜻해진 것도
도움이 많이 됐어. 햇빛 때문에 다들 기분이 좋아졌거든. 새로운 식물과
동물 들도 막 생겨나기 시작해서 지구 전체가 새로운 모습을 갖추었지.

이구아노돈
나르따르라 삼촌

벨기에

지구상에 처음으로 꽃이 피는 식물이 등장했어.
곧 역사상 가장 평화로운 공룡이 나타났지.
우리 '나르따르라' 삼촌이 이끌던 평화 사랑
공룡인 이구아노돈이었어. 이구아노돈은 무리를
지어 살았어. 채소를 찾아 몽고나 극지방까지
계속 여행을 다녔지.

여행사
이구아노돈은 무리 지어 장거리 여행을 했어.
안킬로사우루스 같은 다른 공룡 가족들도
가끔 안전을 위해 혹은 관광을 위해서
여행에 동참하곤 했지.

잘근잘근 씹기
이구아노돈은 평평한 어금니를 가지고
있어서 질긴 식물도 잘근잘근 씹을 수 있었어.
이구아노돈이 소화불량에 걸렸다는 말은
들어 본 적 없을 거야.

이구아노돈은 평화를 사랑하는 공룡이었어. 느긋한 성격 덕에 위대한 업적을 이룰 수 있었지. 이구아노돈은 처음으로 음식을 씹어 먹기 시작한 공룡이었어. 그전에 공룡들은 그냥 한번에 꿀꺽 삼켜 버렸거든. '나르따르라' 삼촌은 멋진 매너와 미소로 세상을 움직일 수 있다는 걸 증명했어.

엄지 척?

이구아노돈의 엄지에는 날카로운 이중 표창이 있었어. 다른 포식자를 겁줘서 쫓아 버릴 때 무기로 사용했지. 그 모습을 보고 이구아노돈이 엄지 척을 하는 거라 생각한다면 곤란해!

시노르니토사우루스
글라이더 기터리

중국

글라이더 '기터리'는 공룡들에겐 전설이야. 나와 우리 가족은 과연 그 전설이 진짜인지 지어낸 이야기인지 확신할 수가 없어. 새이기도 하고 도마뱀이기도 한 시노르니토사우루스는 깃털 속에 몸을 감추고 유령처럼 숲을 누볐대. 요즘 새들이 나는 것처럼 날아다닌 건 아니야. 대신 나무 꼭대기를 이리저리 조용히 옮겨 다녔지. 전설이 뭐냐면 시노르니토사우루스가 약하고 작은 공룡을 대신해서 싸웠다는 거야. 그런데 실은 그 반대였던 것 같아. 어린 공룡을 저녁거리로 먹어 치우기 전에 독이 있는 입으로 공룡을 물어서 기절시켰다지 뭐야. 무엇이 진실이든 시노르니토사우루스의 이야기는 무시무시해.

너에게 독을 주마

시노르니토사우루스는 움푹 파인 긴 이빨이 있었고 턱에는 독을 저장한 것처럼 보이는 주머니가 있었어. 시노르니토사우루스에게 다른 포식자를 먹잇감으로 바꾸는 건 식은 죽 먹기였지.

깃털 달린 공룡

호박 광물에 새겨진 시노르니토사우루스 화석에서는 날개의 깃털을 자세히 볼 수 있어. 깃털 때문에 시노르니토사우루스를 닭으로 오해하는 경우가 많았지.

티타노사우루스
과체중 다이어터

아르헨티나

내가 우리 사촌을 과체중이라고 표현하는 건 놀리는 게 아니야.
실제로 티타노사우루스는 전 세계에서 몸무게가 가장 많이 나가는 공룡이었거든.
우아하고 기다란 목 때문이지. 다른 공룡들이 더 좋은 나무를 차지하려고
밑에서 경쟁하는 동안 '다이어터'는 가장 높이 있는 즙이 많은 나무를 골랐어.
티타노사우루스는 미식가이자 나무 다듬기 장인이기도 했어.
그렇게 해서 큰 몸집을 유지할 수 있었지.

지하 둥지

티타노사우루스 암컷은 한번에 알을
25개나 낳았어. 뒷다리로 구멍을 파서는
나무 아래 알을 묻었지.
알은 거기서 부화될 때까지 묻혀 있었어.

진정한 거인

티타노사우루스는 지구상에 살던 동물 중 가장 몸집이 커.
미국 자연사 박물관에 있는 화석에 따르면 몸무게가 70톤은 될 거래.
아프리카 코끼리 열 마리를 합쳐 놓은 몸무게지.
당시 화석을 발굴할 때는 그 위로 나 있던 도로와 언덕까지 옮겨야 했대.

세상을 사랑한 공룡

'다이어터'는 친구들과 여행하는 걸 가장 좋아했어.
모든 대륙에서 친구와 함께 있는 티타노사우루스
화석이 발견되었지. 심지어 극지방에서도 말이야.
티타노사우루스의 발가락은 발뼈와 거의 붙어 있었어.
발바닥의 두툼한 살은 폭신한 운동화 같았지.

프테로사우루스

중생대 공룡

중생대 공룡이라 불린 프테로사우루스는 엄밀히 따지면 공룡은 아니야.
하지만 난 프테로사우루스가 무척 친근하게 느껴져.
왜냐면 우린 둘 다 고조할아버지의 할아버지가 같은 도마뱀이거든.
프테로사우루스는 빈 뼈와 가죽 같은 날개 그리고 뛰어난 시력 때문에
공룡이 역사에도 등장해. 110여 종의 프테로사우루스가 있고,
제비 크기부터 비행기 크기까지 다양한 프테로사우루스가 하늘을 지배했어.

날아오르다
프테라노돈, 백악

프테라노돈은 치솟는 더운 공기를 타고
앨버트로스처럼 하늘로 날아오를 수 있었어.
날갯짓을 하지 않고도 말이야.
가죽처럼 튼튼한 날개는 끝에서 끝까지
7미터나 되었지.

하늘을 나는 기린
하체고프테릭스, 루마니아

이 프테로사우루스는 하늘을 나는
동물 중에서 가장 몸집이 컸대.
아무런 포식자가 없는 루마니아
하체그 섬에 살았어. 크기가 기린만 했고
날개를 펴면 양쪽 길이가 11미터가
넘었대. 머리가 덕수룩에 머리를
통째로 삼킬 수 있었어.

아누로그나투스, 독일

기가노토사우루스

도마뱀 이빨로잘라스

아르헨티나

긴 이빨을 자랑하며

도마뱀 '이빨로잘라스'는 말 그대로 아주 위험한 미소를 띠고 있었어. 기가노토사우루스는 길이가 20센티미터나 되는 날카롭고 삐죽삐죽한 이빨과 근육질 목을 가졌지. 그 이빨로 칼로 무를 자르듯이 날카롭게 먹잇감을 잘라 냈어.

머리는 가볍게

기가노토사우루스의 두개골은 길이가 2미터에 달하지만 옆쪽이 커다란 창문처럼 뚫려 있어서 무게가 많이 나가지는 않았어. 머리가 가볍다는 건 속도를 내는 일에는 도움이 되지만 머리 쪽이 약하다는 뜻이기도 해. 사실 너무 약해서 뼈가 잘 부서지곤 했어.

나의 증조할아버지 '이빨로잘라스'는 아무도 믿지 않는 냉혈한 킬러였어. '이빨로잘라스' 할아버지가 어슬렁거리던 시대에 태어나지 않아서 정말 다행이야. 기가노토사우루스는 나 같은 티라노사우루스와 크기는 같지만 두개골이 더 길고 가벼워. 앞발이 나보다 훨씬 강력하고 양 손가락이 나보다 하나 더 있었어. 그 덕에 남들보다 더 빨리 뛰고 더 빨리 먹잇감을 잡을 수 있었지. '이빨로잘라스' 할아버지의 좌우명은 "너 죽고 나 살자."였어. '이빨로잘라스' 할아버지와 마주치는 공룡이라면 살려는 희망은 버려야 했지. 할아버지는 날렵하고 잔인한 킬러였거든. 먹잇감을 그대로 싹둑 잘라서 먹기 좋아했어.

유통 기한

기가노토사우루스는 먹이의 신선도에는 관심이 없었어.
직접 사냥한 먹이뿐만 아니라 다른 공룡이 잡았거나
자연사한 공룡의 사체도 기꺼이 먹었으니까.

살고 싶으면 뛰어라

'이빨로잘라스' 할아버지는 육중한 몸을 가졌지만
다른 어떤 채식 공룡보다도 빨리 뛸 수 있었어.
긴 근육질 다리 덕분이었지. 몸집이 세 배나 더 큰 공룡이
시속 50킬로미터 속도로 너를 쫓아온다고 상상해 봐.

스피노사우루스
여왕 클레오파트라
이집트

우리 가족은 '클레오파트라' 이모할머니가 수줍음이 많다고 생각했어. 스피노사우루스인 '클레오파트라' 이모할머니는 고향인 이집트 나일강 위에서 콧구멍만 부글부글 보이곤 했거든. 그래서 이모할머니가 육지로 올라왔을 때 다들 기절초풍했대. 이모할머니는 등 위에 어마어마하게 큰 돛을 달고 있었는데 길이가 무려 17미터나 됐어. 이모할머니는 지구 위를 두 발로 걸어 다닌 육식 공룡 중에서 몸집이 가장 컸어. 하지만 주변에서는 이모할머니가 공룡 고기를 먹지 않는다는 사실을 알고는 무척 안심했어. 그래도 다른 공룡 부모들은 어린 자녀들을 물가에 잘 내놓지 않았지. 스피노사우루스의 식성이 언제 변할지 모르니까 말이야.

첨벙첨벙 포식자
스피노사우루스는 무거운 뼈 덕분에 물속에 잘 가라앉았어. 노 역할을 하는 평평한 발과 악어처럼 생긴 턱도 한몫했고.

돛을 펼쳐라

등 위에 있던 돛은 1.5미터 길이의 뾰족한 표창을 따라 뻗어 있었어. 돛은 체온도 조절해 주고 물속에서 방향을 잡아 주는 역할을 했지. 그리고 이성을 찾을 때도 유용했어. 눈에 확 띄잖아!

낚시광

스피노사우루스는 물속에서 물고기를 감지할 수 있는 긴 주둥이를 가졌어. '클레오파트라' 이모할머니는 강둑에 앉아서 물속에 주둥이만 담그고도 저녁거리를 잡을 수 있었대. 돛을 적시지도 않고 말이야.

벨로키랍토르

팥쥐와 놀부

몽고

내 육촌 형제인 '팥쥐'와 '놀부'는 악명 높은 어린 범죄자 커플이었어.
치열했던 백악기에 살아남으려면 등 뒤에서 찌르기 같은 치밀한 계획이 필요했지.
벨로키랍토르가 좀 큰 칠면조만 했다는 점을 생각해 봐. 살아남으려고 얼마나 애썼겠어.
'팥쥐'와 '놀부'가 각자 사냥을 했는지 함께 움직였는지는 확실하지 않아.
자신들의 흔적을 지울 정도로 영리했거든. 몽고에서 발견된 범죄 현장 화석을 보면
벨로키랍토르가 긴 발톱 같은 발로 프로토케라톱스를 움켜잡고 있어.
물론 '팥쥐'와 '놀부'는 친구들끼리 장난한 거라고 발뺌하겠지만.

깃털 난 악동

'팥쥐'와 '놀부'의 몸을 덮은 깃털은
사춘기 공룡들 사이에서 무척 인기였어.
벨로키랍토르 화석을 살펴보면 깃털이 붙어
있었던 곳에 파인 흔적이 있어. 벨로키랍토르도
비늘이 아니라 깃털이 있었던 공룡 중에
하나라는 게 밝혀졌지.

소원을 말해 봐

벨로키랍토르는 공룡에서 진화했어.
속이 빈 뼈와 발톱이 달린 발,
깃털 같은 가죽, 가슴 쇄골이 있지.
요즘의 새와는 다르게 말이야.

목을 노려라

'팥쥐'와 '놀부'의 비밀 무기는 치명적인 발톱이야.
뒷발에 달린 발톱은 날카로운 낫이나 갈고리 모양이지.
벨로키랍토르는 그 발톱으로 목을 찔러 먹이를 잡았어.

안킬로사우루스
완전 무장 안질래

캐나다

거짓말 안 보태고 말하는데 안킬로사우루스인 내 사촌 '안질래'는
몸이 탱크 같았어. 피부는 갑옷 같아서 몸과 머리를 보호할 수 있었고,
얼굴과 두개골에는 날카로운 뿔이 솟아 있었지.
꼬리에는 무게 20킬로그램이 나가는 뼈 구슬이 달려 있었어.
꼬리만으로도 치명적인 공격을 할 수 있었지.
갑옷 같은 피부는 자신을 완벽하게 보호하는 장비였어.
'안질래'는 겁이 없는 여러 육식 공룡 사이에 사는 초식 공룡이었지.
특히 뺨에 난 뿔을 보면 아마 안킬로사우루스는
개성이 강한 고대의 펑크족이 아니었을까 싶어.

무자비한 구슬

안킬로사우루스 꼬리에 달린 구슬은 20킬로그램이
나가는 단단한 뼈였어. 꼬리에 있는 근육이 너무나
단단했기 때문에 뼈 구슬을 한번 흔들면 200킬로그램의
충격을 줄 수 있었지. 내가 늘 '안질래' 앞에 서서
걸으려고 했던 이유를 알겠지?

장갑차 소녀

안킬로사우루스 '안질래'는 완전 무장을 했기 때문에 걷는 속도가 무척 느렸지. 다리는 짧고 튼실해서 육중한 몸무게를 버틸 수 있었어. 턱은 걸을 때마다 기사의 철 가면처럼 흔들렸어. 심지어 콧구멍이 옆을 향해 있어서 앞에서 위험이 닥쳐도 안전했어.

두꺼운 피부

안킬로사우루스 척추를 덮고 있는 피부는 실제로 뼈로 된 평평한 판이었어. 어떤 판은 힘을 더 쓸 수 있도록 붙어 있었지. '안질래'는 두꺼운 피부를 가졌어. 다른 공룡이 물면 이빨이 부서질 정도였대.

올로로티탄

백조 울랄라

러시아

올로로티탄인 백조 '울랄라'는 공룡 중에서 가장 우아했어. 긴 목과 가느다란 팔,
머리 위 볏이 시선을 사로잡았지. 춤에 대한 열정이 남달라서 주말이면 어린 공룡을 위해
댄스 수업을 열었어. 아무리 어려도 어른 몸집만 한 공룡들이 많았어.
공룡들이 춤을 추면서 한꺼번에 뛰거나 돌면 땅이 얼마나 흔들렸을지 상상해 봐.
'백조의 호수' 같은 우아한 발레와는 거리가 멀었지만 아무튼 울랄라는 춤을
무척 사랑했지. 춤은 자신의 아름다운 동작을 뽐낼 기회였던 거야.

나를 불러 줘

올로로티탄 머리 위에 있는 볏은 속이 비었어.
아마 다른 공룡들을 더 크게 부를 때 사용했을 거야.
어린 올로로티탄은 볏이 작아서 더 높은 소리가
났지.

백옥 같은 이빨

올로로티탄은 음식을 씹는 것처럼 이빨로 먹이를
갈아 먹을 수 있었어. 이빨이 빠져도 계속 다시 났대.
정말 다행이었지. 백옥같이 하얀 이빨은
연예인에겐 필수니까.

우아하게

올로로티탄은 거대한 백조라는 뜻이야. 백조처럼 긴 목과 오리 같은 부리를 지녀서 지어진 이름이지. 8미터 길이에 5톤이나 나가는 몸집이었으니 정말 거대한 공룡이었어.

트리케라톱스
부채 머리 안보여

미국

'안보여'는 내 어린 시절 가장 친했던 천적이야. 싸움 연습을 하기 위해 '안보여'에게 놀러 가면 '안보여'는 늘 말했어. "저리 가. 넌 나한테 상대가 안 돼." 물론 매번 부상을 입고 집으로 돌아오곤 했지. 트리케라톱스는 나보다 몸집도 작고 키도 작고 느릿느릿했어. 그런데 날카로운 뿔이 있어서 아무도 맞설 수 없었지. 한번은 내가 뿔을 물어뜯어서 뽑았는데 다시 뿔이 자라지 뭐야. 그리고 '안보여'한테는 부채 모양 머리가 있는데, 그게 '안보여'에게 사각지대가 된다는 걸 나중에야 알았어. 부채 모양 머리 때문에 뒤에서 다가오는 포식자를 볼 수 없었던 거야.

끼리끼리
트리케라톱스는 가족끼리 움직였어. 어린 공룡이 공격받을 위험에 처하면, 어른 공룡들이 뿔을 밖으로 향하고 둥그렇게 서서 어린 공룡을 보호해 주었지.

같은 듯 달라
뿔 모양을 잘 살펴보면 트리케라톱스의 나이를 알 수 있어. 뒤로 휘어 있으면 어린 공룡이고, 직선으로 뻗어 있으면 청소년 공룡이고, 앞으로 휘어 있으면 다 자란 어른 공룡이야.

부채 모양
트리케라톱스는 육지에 사는 동물 중 두개골이 가장 크다고 해. '안보여'의 머리 주변에 있는 부채 모양 뼈는 가로가 1미터에 달했지. 그러니 안 보일 수밖에.

날렵한 머리 공격
트리케라톱스는 사슴처럼 뿔을 사용했어. 트리케라톱스 수컷은 누가 더 힘이 센지 뽐내기 위해 뿔을 사용했어. '안보여' 같은 암컷은 머리를 재빨리 움직여 뿔로 상대방을 들이받았지. 어떻게 잘 아냐고? 내가 맨날 당했거든!

티라노사우루스

무러뜨더 티렉스

미국

티라노사우루스인 나는 다시 소개하지 않아도 되지?
티라노사우루스는 잔인하고 힘이 세서 세계적으로 명성이 자자해.
그런데 나를 팔이 짧은 공룡이라고만 알고 있는 것 같아.
내가 육지에 사는 어떤 동물보다도 강력하게 물어뜯는 힘을 가졌다는
걸 알아줬으면 해. 그 힘은 모두 내 머리에서 나오지.
내 두개골은 길이가 1.5미터이고, 내 턱은 아주 유연해서 입을 크게
벌렸다가 힘껏 물어 버릴 수 있어. 뼈를 부수는 건 단순히 싸움에서
이기기 위한 것만은 아니야. 골수에는 몸에 좋은 미네랄이 풍부하거든.
그래서 난 늘 우리 아이들에게 뼈까지 아작아작 모두 씹어 먹으라고 해.
그렇지 않으면 다른 공룡이 너를 먹어 치울 거라고 가르쳤어.

급격한 성장

티라노사우루스는 십대에 엄청나게 자라나.
내 아이들이 17살이 되면서 나는 애들 근처에 잘 안 갔지.
성가신 운석이 떨어지지 않았다면 아마 우리 애들한테
먼저 잡혔을 거야.

먹이를 노려보다

티라노사우루스는 눈알이 자몽만 했고
다른 새나 파충류와는 달리 색깔을 구분할 수 있었지.
내 콧날은 늑대의 콧날처럼 좁았고
무섭게 노려보는 눈을 가졌어.

한 입 물어 볼까?

티라노사우루스 앞니는 길이가 20센티미터야.
안쪽으로 휘어 있고 뒤쪽이 산등성이처럼
솟아올라 있어서 무척 튼튼했어. 먹잇감을
뼈째 물어뜯어도 이빨이 멀쩡했다니까.

쥐라기 똥

티라노사우루스 똥은 사람 팔뚝처럼 길고 무게는 6개월짜리
아기 몸무게 정도였어. 공룡 똥 화석을 '분석'이라고 해.
윌리엄 버클랜드와 매리 애닝이라는 사람들이 1800년대
처음으로 공룡 똥 화석을 발견했지. 공룡은 문명이 없었대.

공룡의 멸종

6600만 년 전

(아주 오래전이란 뜻이야.)

거대한 불덩어리

공룡은 15킬로미터 너비의 운석 때문에 멸종했어. 운석이 얼마나 컸는지 떨어질 때 생긴 먼지구름이 태양을 완전히 가릴 정도였지.

끝났다, 오버!

운석이 떨어지면서 지구상에 살던 종의 75%가 멸종했고, 25킬로그램이 넘는 네 발 달린 동물도 모두 멸종했어. 지구의 온도가 급격하게 떨어져서 아주 긴긴 겨울이 시작되었지.

땅을 사랑했던 공룡은 지구상에 오래도록 영향을 미쳤어.
그러니 나 같은 공룡은 그 정도 빅뱅을 통해서나 멸종되는 것이 어울리지.
우리 공룡 가족이 완전히 사라진 것은 운석 때문이었어.
운석은 우주 궤도에서 벗어나 멕시코만의 칙술루브에 떨어졌어.
그 바람에 대형 거북이와 악어, 도마뱀 등 일부 동물을 제외하고 지구에 살던 대부분 동물이 멸종했지. (흑흑)
하지만 우리가 사라진 후에 다양한 포유류, 조류와 어류가 번성했다고 들었어.
그러니 너무 슬퍼하지 않아도 될 것 같아. 공룡의 멸종이 또 다른 종의 시작을 가져왔으니 말이야.

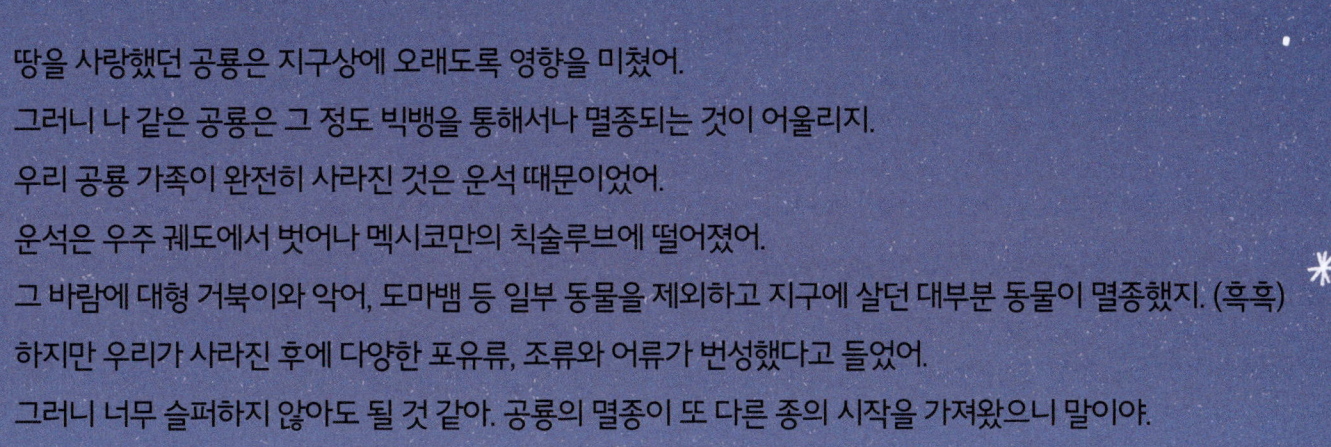

가는 동물 오는 동물

도마뱀, 뱀, 물고기, 나비 같은 동물이 세상에 나와서 주목을 받기 시작했어. 포유류도 더는 공룡과 경쟁하지 않아도 되는 때가 온 거야. 정말 다양한 동물이 생겨났지.

화석 명예의 전당

화석 명예의 전당에서는 우리 공룡 가족의 뼈 화석을 볼 수 있어.
어디로 찾아가면 공룡의 뼈 화석을 직접 볼 수 있는지도 알려 줄게.

브라키오사우루스
필드 자연사 박물관, 미국 시카고

케라토사우루스
국립 자연사 박물관, 미국 워싱턴 D.C.

알로사우루스
국립 자연사 과학 박물관,
포르투갈 리스본

메갈로사우루스
옥스퍼드 대학 자연사 박물관,
영국 옥스퍼드

화석 명예의 전당

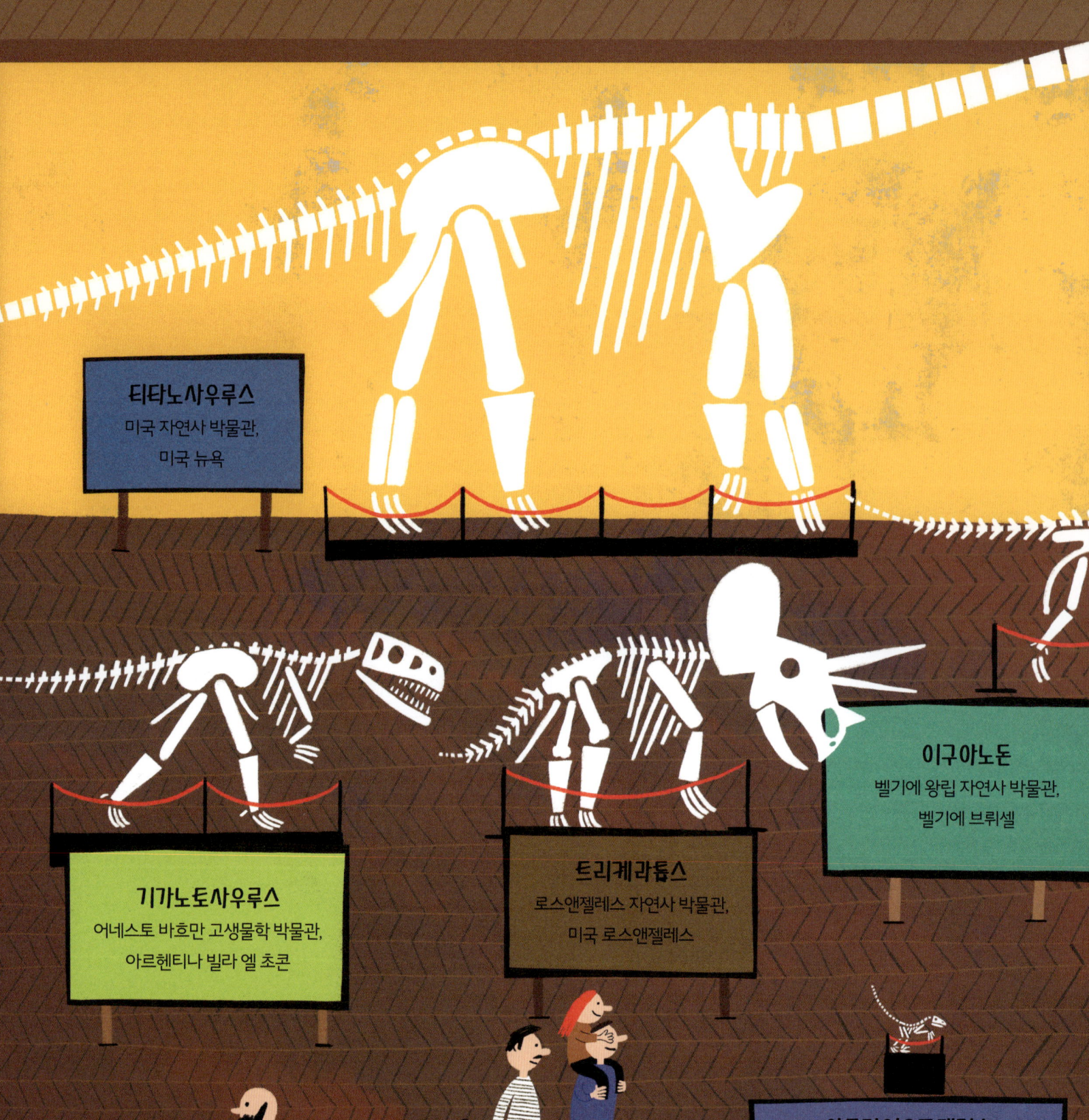

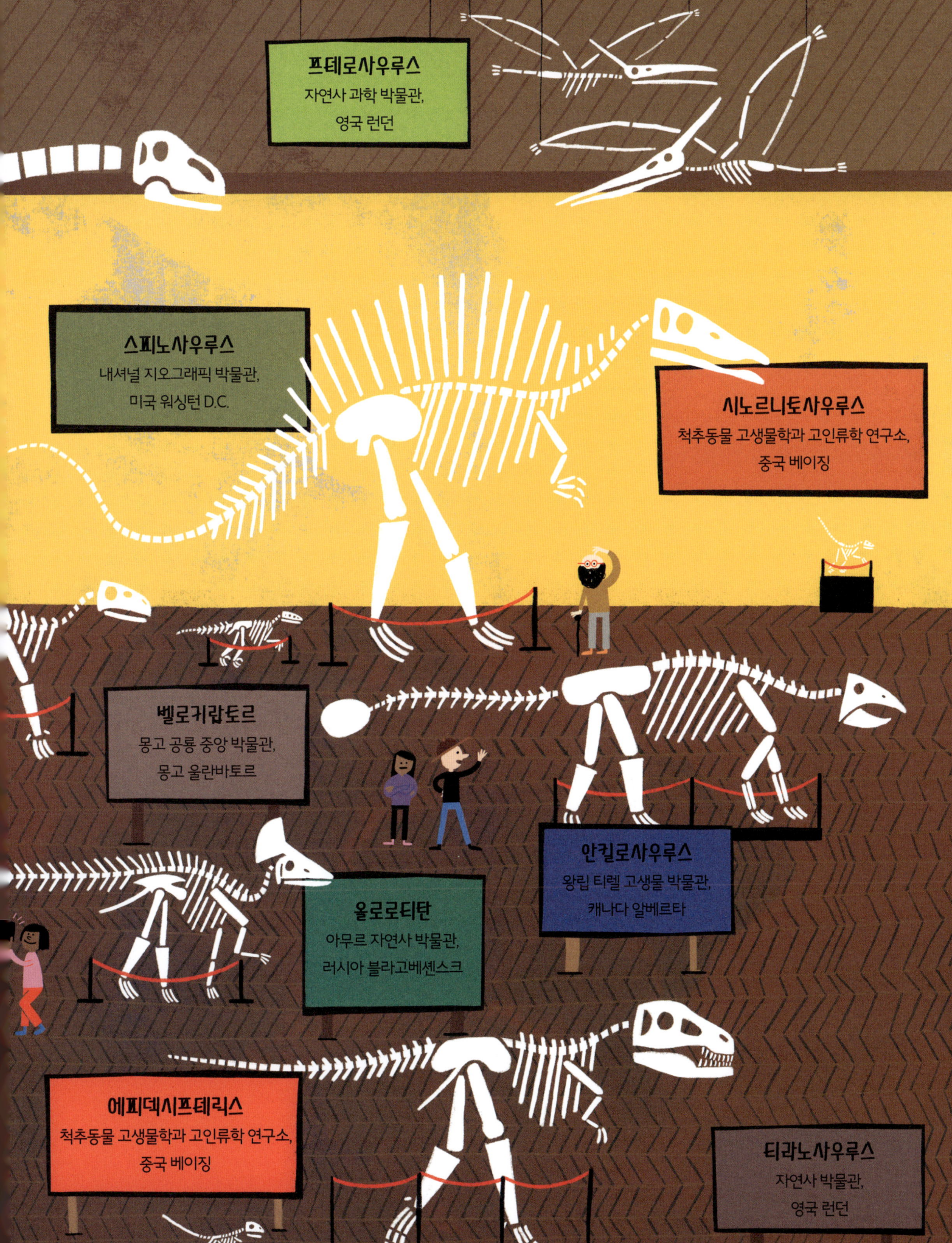

우리 가족은 어디에?

대륙 이동 덕분에 우리 가족의 화석은 전 세계에 퍼져 있어.
네가 고생물학자가 된다면 한 번쯤 파 보기를 권하는 곳들이야.
우리 가족의 화석을 찾을 수도 있거든.

직접 화석을 찾아봐

화석을 부서지지 않게 잘 발굴하려면
특별한 기술이 필요해.
전문가한테 비결을 잘 배워서 발굴에 참여하도록 해.
화석은 돌 밑에 땅이 너무 단단하지 않은 곳이나
바닷가 모래 속에 있을 확률이 높아.
돌이나 구조물, 벽, 울타리, 다리, 절벽 등에
끼거나 걸릴 수 있는 물건은 지니지 않도록 해.
그렇지 않으면 절벽 위에서 머리로 뭔가
떨어질 수 있거든. 그러면 너희들이 화석이
될 수도 있어!

똥을 잘 찾아봐

화석을 찾을 때는 공룡 토사물이나 똥을
신중하게 살펴봐야 해. 이크티오사우루스
같은 바다에 사는 공룡의 토사물에는 물고기
뼈나 조개껍데기가 포함되어 있을 거야.
티라노사우루스의 똥에는 다른 공룡의 뼈가
으스러져 있는 경우가 많지.

주변을 잘 살펴봐

화석을 찾느라 골몰하고 있을 땐 다른 사람과
부딪히거나 절벽으로 굴러 떨어질 수도 있으니 조심해.
발을 내디딜 땐 잘 살펴봐야 해.

눈으로 파 보기

실제로 땅을 파지 않아도 암모나이트나 뼈는 많이 찾을 수 있어.
특히 영국의 쥐라기 해변에서는 쉽게 발견할 수 있지.
땅을 직접 파면 화석이 깨지거나 상할 수도 있고 바위나 절벽이
불안정해질 수도 있으니 일단 눈으로만 보는 게 좋아.

나라와 지역에 따라 화석 수집에 대한 규칙이 있으니 한번 알아보는 게 좋아.
수집해도 되는 화석이 뭔지 확인할 수 있어. 영국의 쥐라기 해변에서처럼 화석을 찾고 싶다면
미국의 칼버트 클리프, 루카스 카운티, 그리고 오하이오주를 추천할게.
호주 서부의 리버벤드, 중국의 쯔궁, 덴마크 묀스 섬의 묀스 클린트 해변,
그리고 남아공의 서해안 화석 공원도 좋아.

59

공룡 전문 용어

공룡 전문 용어만 잘 알아도 공룡 전문가처럼 보일 수 있어!

갑옷 피부 - 포식자의 공격으로부터 보호하기 위해 비늘이나 뼈로 덮인 피부

고생물학자 - 지구의 마지막 빙하기 이전의 삶을 연구하는 학자로 주로 화석을 연구함

골반 - 척추뼈 바로 아래 있는 큰 뼈로 뒷다리 뼈가 연결되어 있음

궤도 - 행성 둘레를 도는 것

날개폭 - 날개 한쪽 끝에서 반대쪽 날개 끝까지의 거리

대멸종 사건 - 수많은 종의 동물과 식물이 재해로 인해 짧은 시간에 갑자기 사라진 사건

독 - 상대에게 해를 가하거나 죽이기 위해 내뿜는 액체

떼 - 함께 살고 먹는 동물 무리

마운트 - 전시하고 있는 공룡 뼈를 일컫는 말. 화석 원석일 수도 있고 석고 모형일 수도 있음

멸종 - 생물의 한 종류가 아주 없어지는 것

미네랄 - 소금처럼 땅속에서 자연스럽게 이루어진 물질

백악기 - 중생대 마지막 지질 시대로 1억 4500만 전부터 6600만 년 전까지의 시대

분석 - 공룡 똥의 화석

사암 - 모래알 크기만 한 점토가 겹겹이 쌓여 만들어진 돌

소화 - 섭취한 음식을 몸에서 사용할 수 있는 상태로 나누고 바꾸는 과정

수각류 공룡 - 두 발로 걷는 육식 공룡

암모나이트 - 공룡이 살던 시대에 나선형 껍데기 속에 살던 해양 동물

운석 - 우주에서 지구로 떨어지는 돌덩이

육식동물 - 동물의 고기를 먹고 사는 동물

제삼기 - 중생대의 마지막 세 번째 시기로 약 6600만 년 전부터 2600만 년 전 사이의 시기

조상 - 동물이나 식물이 진화해 온 앞선 형태

종 - 같은 특징을 공유하는 동물의 무리로 비슷한 행동 양식을 가지고 있음

중생대 - 인간이 살기 전 공룡이 살던 약 2억 5100년 전부터 6000만 년 전 사이의 시기

쥐라기 - 중생대 두 번째 시기로 2억 100만 년 전부터 1억 4500만 년 전 사이의 시기

진화 - 동물이나 식물이 시간이 지나면서 천천히 변하는 것

짝짓기 - 동물이나 새가 함께 새끼를 낳을 짝을 고르는 것

척수 - 신경으로 이루어진 척추뼈 속의 긴 줄로 뇌와 몸의 다른 부분을 연결함

척추동물 - 척추뼈가 있는 동물

초식동물 - 식물을 주로 먹고 사는 동물

침식 - 바위나 땅 혹은 흙이 물이나 바람에 의해 천천히 닳는 과정

칼슘 - 우리 몸에서 뼈와 이빨을 만드는 미네랄로, 공룡과 새는 칼슘으로 새끼가 자랄 수 있는 알껍데기를 만듦

트라이아스기 - 중생대의 첫 번째 시기로 약 2억 5100만 년부터 2억 년 전 사이의 시기

파충류 - 비늘이나 뼈판으로 덮여 있고 피가 차가운 동물로 알을 낳음

포식자 - 다른 동물을 사냥해 먹는 동물

포유류 - 새끼를 낳아 젖을 먹여 키우는 동물로 인간, 개, 고래 같은 동물

호박 광물 - 나무에서 내뿜는 끈적끈적한 액체로 만들어지는 노란색 보석. 공룡의 깃털이 호박 광물 속에서 발견됨

화석 - 지질 시대에 살던 동물이나 식물이 퇴적물에 남긴 흔적

찾아보기

ㄱ
고생물학자 8-9, 56, 60
곤드와나 10
기가노토사우루스 36-37, 54
깃털 12-13, 26, 29, 30-31, 61

ㄴ
남아메리카 35, 56

ㄷ
대멸종 사건 10, 60
독 30, 60
독일 26, 53-54, 57
디플로도쿠스 16-17, 20, 53, 56

ㄹ
러시아 44, 55, 57
로라시아 10
루마니아 34
리오플레우로돈 14-15, 53, 56

ㅁ
메갈로사우루스 11-12, 52, 56
멕시코만 51
몽고 28, 40, 55, 57
미국 16, 24, 35, 46, 48, 52-56, 59

ㅂ
발톱 12, 21, 24
백악기 27
벨기에 28, 54, 56
벨로키랍토르 40-41, 55, 57
분석 49, 60
브라질 35
브라키오사우루스 22-23
뼈 8-9, 11, 20-21, 34, 36, 38, 40-43, 47-49, 52, 58-61

ㅅ
수각류 공룡 11
스테고사우루스 18-19, 53, 56
스피노사우루스 38-39, 55, 57
시노르니토사우루스 30-31, 55, 57

ㅇ
아르카이오프테릭스 26, 54, 57
아르헨티나 32, 36, 54, 56
안킬로사우루스 42-43, 55-56
알 21, 24, 32, 61
알로사우루스 20-21, 52, 56
암모나이트 59-60
에피덱시프테릭스 12-13, 57

영국 11, 56
올로로티탄 44-45, 57
운석 48, 50-51, 60
육식 26, 60
이구아노돈 28-29, 54, 56
이빨 12, 16, 20, 22-23, 25, 30, 36, 43-44, 49, 61
이집트 38, 57

ㅈ
중국 12, 30, 55, 57, 59
쥐라기 10-12, 18, 49, 61
진화 12, 41, 61

ㅊ
척추 18-19, 43
초식동물 61
칙술루브 51

ㅋ
칼슘 21, 61
케라토사우루스 24-25, 52, 56

ㅌ
탄자니아 22, 57
트리케라톱스 46-47, 54, 56
티라노사우루스 48-49, 55, 56, 58
티타노사우루스 32-33, 54, 56

ㅍ
파충류 10, 15, 49, 61
판게아 10
포르투갈 20, 52, 56
프랑스 14, 56
프테로사우루스 34-35, 55, 56
플리오사우르 15

ㅎ
호박 광물 31, 61
화석 8-9, 31, 33, 40, 49, 52, 54, 56, 58-61

마이크 벤튼 글
척추동물 고생물학 교수이자 브리스톨 대학의 고생물학 연구 그룹(Palaeobiology Research Group) 책임자입니다. 고생물학에 관한 교과서를 포함하여 50권이 넘는 책을 썼으며, 정기적으로 새로운 공룡 발견에 대한 논평을 쓰고 있습니다.

롭 호지슨 그림
영국의 디자이너이자 일러스트레이터입니다. 플리머스 대학에서 일러스트레이션을 공부했습니다. 현재 브리스톨에 살며 다양한 일러스트 작품과 책을 만들고 있습니다. 동물, 스케이트보드, 지각 심리, 색다른 장난감 모으는 것을 좋아합니다. 쓰고 그린 책으로『동굴』이 있습니다.

이순영 옮김
강릉에서 태어나 자랐고, 한국외국어대학교에서 영어를 공부했습니다. 이루리와 함께 북극곰 출판사를 설립하고 책을 만들고 있습니다. 그동안 번역한 책으로는『당신의 별자리』『사랑의 별자리』『안돼』『곰아, 자니?』『공원을 헤엄치는 붉은 물고기』『똑똑해지는 약』『우리집』『한밤의 정원사』『바다와 하늘이 만나다』『우리 집에 용이 나타났어요』등 30여 편이 있습니다.

북극곰 궁금해 시리즈 2

무러뜨더 티렉스의 가족 앨범 공룡의 역사

2019년 9월 19일 초판 1쇄
글 마이크 벤튼 ∥ 그림 롭 호지슨 ∥ 옮김 이순영
편집 이루리, 이지혜 ∥ 디자인 기하늘 ∥ 마케팅 김민지, 신현주
펴낸이 이순영 ∥ 펴낸곳 북극곰 ∥ 출판등록 2009년 6월 25일 (제 300-2009-73호)
주소 서울시 마포구 독막로 320 B106호 북극곰 ∥ 전화 02-359-5220 ∥ 팩스 02-359-5221
이메일 bookgoodcome@gmail.com ∥ 홈페이지 www.bookgoodcome.com
ISBN 979-11-89164-59-1 77400 | 979-11-89164-60-7 (세트) ∥ 값 18,000원

Published by arrangement with Thames & Hudson Ltd. London,
Tony T-Rex's Family Album © 2019 Thames & Hudson Ltd, London
Illustrations © 2019 Rob Hodgson

This edition first published in Korea in 2019 by BookGoodCome, Seoul
Korean edition © 2019 BookGoodCome

이 책의 한국어판 저작권은 저작권자와의 독점 계약으로 도서출판 북극곰에 있습니다.
저작권법에 의해 한국 내에서 보호를 받는 저작물이므로 무단 전재와 복제를 금합니다.
「이 책의 국립중앙도서관 출판예정도서목록(CIP)은 서지정보유통지원시스템(http://seoji.nl.go.kr)과 국가자료공동목록시스템(http://www.nl.go.kr/kolisnet)에서 이용하실 수 있습니다. (CIP제어번호: CIP2019021247)
품명 : 양장 도서 | 제조자명 : 도서출판 북극곰 | 제조국명 : 중국 | 사용연령 : 3세 이상
안전표시 : 주의! 책의 모서리가 날카로우니, 던지거나 떨어뜨려 다치지 않도록 주의하세요.